PROJET DE LOI

DE LA

LISTE CIVILE

DU

PEUPLE FRANÇAIS

PAR

Louis-Auguste AUGER

PRIX : 1 FRANC.

PARIS

CHEZ L'AUTEUR

RUE DU FAUBOURG SAINT-HONORÉ, 187.

1876

PROJET DE LOI

DE LA

LISTE CIVILE DU PEUPLE FRANÇAIS

DÉDIÉ A LA MÉMOIRE

DE

M. Jean-Baptiste-Robert AUGER

BARON DE MONTHYON

PAR

M. Louis-Auguste AUGER.

MESSIEURS LES DÉPUTÉS,

Pour affermir la République et empêcher de nouvelles révolutions, il faut faire quelque chose pour le Peuple.

Dans les États monarchiques, il est d'usage de donner au monarque une liste civile.

En France, le Peuple étant le souverain, il faut lui donner une liste civile.

La liste civile du Peuple français sera de trente-six millions par an ; dans les autres pays de l'Europe, la liste civile du roi ou de l'empereur n'est que pour un seul individu; en France, ce sera pour cent mille citoyens ou citoyennes les plus vieux et les plus pauvres.

A partir du premier janvier 1876,
il est créé la liste civile du Peuple
français.

A partir du premier janvier 1876,
les citoyens et citoyennes qui rece-
vront ce qui leur reviendra dans la
liste civile du Peuple français dont
ils feront partie, toucheront trente
francs par mois de rente viagère,
soit, par année, trois cent soixante
francs de rente viagère.

Ils seront payés tous les quinze

jours, soit quinze francs par quin-
zaine.

Pour être pensionnaire de la liste
civile du Peuple français, il suffit
d'être né Français et d'habiter la
France. Il faut avoir soixante et onze
ans accomplis au 31 décembre 1875
et être inscrit au bureau de bienfai-
sance depuis un an.

Pour obtenir les trente-six millions
de la liste civile, voici les impôts à
créer :

Une retenue de 2 0/0 sur tous les pensionnés par l'Etat, de 2.000 francs de pension par an.

3 0/0 sur ceux de 3.000 francs.

4 0/0	»	4	»
5 0/0	»	5	»
6 0/0	»	6	»
7 0/0	»	7	»
8 0/0	»	8	»
9 0/0	»	9	»
10 0/0	»	10	»
11 0/0	»	11	»

12 0/0 sur ceux de 12.000 francs.

13 0/0   »   13   »

14 0/0   »   14   »

15 0/0   »   15   »

16 0/0   »   16   »

17 0/0   »   17   »

18 0/0   »   18   »

19 0/0   »   19   »

20 0/0   »   20   »

Soit :

Sur 2.000 francs	40 francs.
3.000 »	90 »
4.000 »	160 »
5.000 »	250 »
6.000 »	360 »
7,000 »	490 »
8.000 »	640 »
9.000 »	810 »
10.000 »	1.000 »
11.000 »	1.210 »
12.000 »	1.440 »
13.000 »	1,690 »

Sur 14.000 francs   1.960 francs.

15.000   »   2.250   »

16.000   »   2.560   »

17.000   »   2.890   »

18.000   »   3.240   »

19.000   »   3.610   »

20.000   »   4.000   »

Il arrive tous les jours en France, dans les campagnes surtout, que des ouvriers qui ont travaillé toute leur vie et ont eu beaucoup d'enfants,

lorsqu'ils sont vieux ne peuvent plus
travailler, alors ils restent à la charge
de leurs enfants, qui les nourrissent
dans leurs vieux jours, et ces ouvriers,
qui gagnent à peine de quoi vivre en
travaillant tous les jours, ne sont
nullement fâchés lorsque leurs père
et mère viennent à mourir, c'est une
charge de moins pour eux ; mais ces
père et mère, ayant, grâce à la liste
civile du Peuple français, une rente
viagère de trois cent soixante francs

par an, ne seront plus à la charge de leurs enfants.

La loi de la liste civile du Peuple français aura une très-grande action pour la moralisation de la société française.

Recevez l'assurance de ma haute considération.

AUGUSTE AUGER,

Propriétaire.

Rue du Faubourg Saint-Honoré, 187.

PARIS. IMP. CH. NOBLET, RUE SOUFFLOT, 18. —3699.

www.ingramcontent.com/pod-product-compliance
Lightning Source LLC
Chambersburg PA
CBHW060737280326
41933CB00013B/2672